1

the quiet revolution
of the 7th generation

henry red cloud 5th generation descendent
of the oglala lakota nation
and
medicine turtle of the cherokee nation
talks about the
INIPI WAKAN
sweatlodge

die stille revolution
der 7. generation

henry red cloud 5. generation nachfahre
der oglala lakota nation
und
medicine turtle von der cherokee nation
sprechen ueber das
INIPI WAKAN
schwitzhuette

henry red cloud 5th generation of war chief red cloud
mapíya lúta 1822-1909 talks
with medicine turtle cherokee medicine man
about sweatlodge ceremony and the proper respect

war chief red cloud mapíya lúta said in the white house
"you can't kill us and we come back again"

the idea to this book is born in pine ridge south dakota USA
on the 1 jan. 2016
henry red cloud / medicine turtle and sunturtle woman -
after blessing of the
medicine man peter catches 38 th generation (40 sundance)

Impressum

© 2016 Medicine Turtle & Henry Red Cloud

Druck und Verlag: Eigenverlag

ISBN-13: 978-069 2677 162

Printed in USA

4

henry red cloud 5. generation nachfahre vom kriegs haeuptling red cloud mapíya lúta 1822-1909 spricht mit medicine turtle cherokee medizinmann ueber die schwitzhuette und den ordnunsgemaessen respekt

kriegs haeuptling red cloud mapíya lúta sagte im weissen haus:
„**ihr koennt uns nicht toeten und wir werden wieder kommen**"

die idee zum buch ist in pine ridge south dakota USA
am 1. Jaenner 2016 entstanden.
henry red cloud /medicine turtle und sunturtle woman -
nach der zeremonie mit
medicine man peter catches 38 th generation (40 sundance)

Impressum

© 2016 Medicine Turtle & Henry Red Cloud

Druck und Verlag: Eigenverlag

ISBN-13: 978-069 2677 162

Printed in USA

hello I am medicine turtle and sitting here in pine ridge with
henry red cloud.
we talking about something that is really personal and
it should be really discussed.
I've been working in europe for about 10 years,
working with people and their problems and stuff like that.
I was raised and I was growing up with my grandmother.
what happen that her great grandmother walked on the trail of tears
and we had settled down in the appalachian mountains.

I had to be trained for like over ten years, working to do a
sweatlodge or any of this others sacred ceremonies.
the sweatlodge belongs to the lakota people,
I mean that's the question and this is rightfully theirs.
I think you have to be property trained and all of that.

but what I seen today is that why the pine ridge is suffering and
the lakota people together, I mean not only pine ridge.
what is that?
that people are basiclly stealing the culture and the spirituality
from this people?
and without any respect and charging vast amounts of money.
we are talking 50 to 80 euro henry and I mean this is and
sometimes even up.
and none of this money is coming back to the lakota,
I mean not a dollar of it.
I mean only if there is only 10 % giving to the lakota people.

hallo ich bin medicine turtle und sitze hier in pine ridge
mit herny red cloud.
wir sprechen ueber etwas sehr persoenliches und es sollte
wirklich ausgesprochen und diskutiert werden.
ich arbeite nun seit ueber 10 jahren in europa mit menschen
und ihren problemen und sonstigen dingen.
ich wurde von meiner grossmutter erzogen und wuchs mit ihr auf.
was geschah ist, dass ihre grossmutter auf dem weg der traenen
(trail of tears) gewandert ist und wir haben uns
in den appalachien gebirgen niedergelassen.

ich wurde ueber 10 jahre trainiert in den aufgaben
wie man eine schwitzhuette oder andere heilige zeremonien leitet.
die schwitzhuette gehoert den lakotas,
ich glaube das ist keine frage und es ist wirklich ihres.
und ich glaube du brauchst das ganzheitliche training und all dies.

jedoch was ich heute gesehen habe ist, dass pine ridge und all die
anderen lakota menschen leiden und es ist nicht nur pine ridge.
was ist das?
dass menschen die basis ihrer kultur und die spiritualitaet
dieser menschen stehlen?
sie haben keinen respekt und kassieren sehr viel geld.
wir reden hier von 50 bis 80 euro henry und ich glaube
sogar, dass es viele male noch mehr ist.
und nichts von dem geld fliesst zurueck zu den lakotas,
nicht mal 1 dollar davon.
stell dir vor es wuerden nur 10 % des geldes zu den lakotas
kommen.

I was just today visiting a medicine man on the pine ridge
indian reservation.
he has a vision and a dream and this is to build a spiritual
center on the pine ridge.
this man also needs help to build this, peter v. catches,
he needs to build this place.
and if only the people in europe - doing the sweatlodges, giving just
only 10 % - they can give the money here to henry or peter.
henry make sure that they get this place build.
all you have to do is just put the 10 % - 10 % of what you doing.

but the proper way is to come here to the reservation to talk to
somebody like henry,
somebody who is properly trained or peter or one of the other
medicine man on the reservation and get the initiation to do some.
this is improper, it's an insult to the native people.
I mean the land is already being stolen so why take the culture and
the spirituality away?
and the term that they use in europe is culture.
how you can know a culture not unless you life here?
the land is what makes the lakota.
I mean this is the spirituality.
so when you are born on the indian reservation or native land,
this is what makes you native american.
this is my believe but I don't know what is your believe on that?

ich war heute einen medizinmann im pine ridge reservat
besuchen.
er hat eine vision und einen traum, er moechte hier auf pine ridge
ein spirituelles zentrum bauen.
dieser mann peter v. catches braucht hilfe um diesen platz zu bauen.

stell dir vor die menschen in europa, die schwitzhuetten machen,
geben 10 % ihres geldes zurueck an henry oder peter.
henry versichert, dass dieser platz gebaut wird.
alles was ihr zu tun habt, ist das geben der 10 % - 10 % von dem
was ihr macht.
aber der korrekte weg ist, wenn ihr hier ins reservat kommt und
mit jemandem wie henry redet, jemanden der auf dem traditionellen
weg ausgebildet wurde, oder peter oder ein anderer medizinmann
im reservat, der euch die einweihung gibt, damit ihr es richtig macht.
ansonsten ist es unsachgemaess und eine beleidigung gegenueber
den indianern.
das land wurde ihnen schon gestohlen und warum sollten sie jetzt
auch noch ihrer kultur und ihrer spiritualitaet beraubt werden?
wie kannst du etwas ueber eine kultur wissen,
wenn du nicht hier lebst?
du musst hier geboren werden, so nennen wir es hier:
das land ist es, das aus uns lakotas macht.
ich meine das ist ihre spiritualitaet.
wenn du in dem indianischen reservat geboren bist,
das macht dich zum indianer.
das ist mein glaube und ich weiss nicht,
was dein glaube in diesem ist?

henry red cloud
It's a whole culture, it' s a whole way of life as being born here.
being lakota and being part of this way it's a whole from a child to
adult, before a person even sits down and can pour water -
there is a visionquest
there is a becoming of a man ceremony
there is a preparation of the sundance - 1 day the first year,
2 days the next, 3 days, 4 days upon the fourth year
and then to piercing.
so it's a whole way of life.
you know it's not where you can pick up a book and read through
a book and then become an instant shaman,
do sweatlodge and that.
no that's not the way to do it.
you know my grandfather and my grandfather's grandmother's
they gave their life up.
they don't wanted to gave the life up, they put a robe on the feet
and they stick themselves to the ground to defend the earth,
during the indian wars of the 1800, how many wars.

since that time the land got stolen and we were no longer able
to practice our ceremonies.
they said no.
just here the other day 125 years ago during the area of the
CC camps reservations.
they murdered chief big foot and his people up here.
just right down the road here a 125 years ago because of ceremony.
they didn't want people practicing the
wanagi wacipi the ghost dance.
and so because of that they was murdered more than 300 people,
lakota people, they kill them.

henry red cloud

es ist eine vollstaendige kultur, es ist ganzer weg des lebens, wenn
du hier geboren wirst. ein lakota zu sein ist ein teil dieses weges, der
vom kind zum erwachsenen geht, bevor jemand ueberhaupt
hinsitzen und wasser giessen kann -
da ist eine visionssuche
da ist eine zeremonie zum mann werden
da ist eine vorbereitung fuer den sonnentanz – 1 tag das erste jahr,
2 tage das naechste, 3 tage, 4 tage bis zum 4. Jahr
und dann das piercen.
so ist es ein ganzer weg des lebens. und es ist nicht so, dass
du ein buch liest und dann ein schamane bist und einfach
schwitzhuetten und all das machen kannst.
nein, das ist nicht der weg.
du weisst, mein grossvater und die grossmuetter meines grossvaters
haben ihr leben dafuer abgegeben.
sie wollten ihr leben nicht abgeben und haben sich mit seilen an
den fuessen und einem stock im boden festgebunden,
um die erde zu beschuetzen in den indianischen kriegen um 1800,
es waren so viele kriege.
seit dieser zeit wurde uns das land gestohlen und wir durften
nicht mehr laenger unsere zeremonien praktizieren.
sie sagten nein.
hier ganz in der naehe, ein paar tage zurueck, als vor 125
jahren die CC camps reservate erschaffen wurden,
wurden haeuptling chief big foot und seine leute hier ermordet.
sie wollten nicht, dass sie den
wanagi wacipi den geistertanz
machten. und deswegen wurden mehr als 300 menschen,
lakota menschen, umgebracht.

children and baby's too, because of ceremony – they said
no more ceremony.
we were told not to do ceremony but we did anyway,
we did and we keep it alive.
we keep it going, we keep our ceremony and language,
we keep our way of life going.
until from that point of 1890 to 1978 – that's 88 years !!!!!!
we were told we can't make our ceremony -
we can't speak our language,
we can't sing our songs –
we can't fill our pipes and make the offering.
you know we couldn't do that,
the united states government told us we couldn't do that.

just 1978 we was able to go and give testimony to select to send
a select committee which is congress people.
a few congress people sat down to natives and talk to them and told
them why wakan, the holy ceremonies are so important,
eagle feathers, sacred sides, black hills, bear butt,
and this different areas that we hold.
you know they sacred where we have our sacred ceremony's,
our visionquest, our sweatlodge, it's a whole way of life.
Reading a book and become a shaman and then never
setting food on Lakota land,
never meeting with lakota people, never make a friendship and
try to learn this way, there is protocol - there is a way.
and so with the land being taking during the indian war resources,
sacred sides being taking,
saying we can't do it anymore and then up to 1978 since then my
people battled for a ceremony.

kinder und babys auch, weil sie eine zeremonie machten -
sie verboten die zeremonien.
sie sagten uns, wir duerfen keine zeremonien mehr machen,
aber wir taten es trotzdem, wir erhielten sie am leben.
wir blieben dran und wir machten weiter mit unseren
zeremonien und unserer sprache,
wir erhielten unseren weg des lebens am leben.
von diesem zeitpunkt 1890 bis 1978 – das sind 88 jahre !!!!!!!
sagten sie uns, dass wir keine zeremonien machen koennen -
wir koennen nicht mehr unsere sprache sprechen,
wir koennen nicht mehr unsere lieder singen -
wir koennen unsere pfeiffe nicht fuellen, um mit dem schoepfer
zu reden.
du solltest wissen, dass die amerikanische regierung uns sagte,
dass wir dieses nicht mehr tun duerfen.
und im jahre 1978 durfte ein ausgesuchtes komitee in den kongress
gehen und eine aussage machen.
ein paar kongress leute sassen zu den indianern und hoerten ihnen
zu und redeteten mit ihnen ueber wakan, die heiligen zeremonien,
warum sie so wichtig sind, adlerfedern, heilige plaetze, black hills,
bear butt und viele andere gegenden, die wir behueten. du solltest
wissen, dass gewisse heilige zeremonien wie unsere visionssuche,
unsere schwitzhuetten ein ganzheitlicher weg des lebens sind. nur
wenn du ein buch liest und glaubst, dass du dann ein schamane bist,
und niemals in unser land der lakotas gekommen bist, niemals einen
lakota getroffen, oder eine freundschaft begonnen hast, diesen weg
zu lernen, denn der weg geht nach einer protokollierten vorgabe
und es gibt einen weg. durch die ganzen indianer kriege wurde uns
das land und die heiligen plaetze genommen. sie sagten uns, wir
koennen es nicht mehr machen und das bis 1978,
meine leute mussten fuer jede zeremonie kaempfen.

they wanna keep this going and so now you know today,
we have that -
we have our ceremony, our dance, our songs, the special language.
the protocol that has to follow all of this and we still have it here.

you know people throughout the whole country.
all of my ancestors wanted to save the way of life,
save the earth and defend it, they put their own life up and
died in many wars.
through insure that we still have this so we are.

since that time people looked at us as the wild people, you wild,
you a savage, you dangerous,
you can kill me and all those stories were said about us lakota people
but we are not that way.
lakota is light hearted people, have a nice kind heart,
we share our stuff.
we share our way of life through natives from across
the whole country.
some of the natives, they lived in new york city,
they live inside a city.
were they unable to speak their language and their culture.
there are so many buildings around, so many people –
that they lost their way, they lost their language, their culture.
down there in los angeles, the west coast and every city with ended
to the west to the east.
every city that natives were close to them so they come to us.
every year they make a performance since their time they young,
they come and they take ceremony and they learn.
they learn this way and then upon you know the:

sie wollten, dass es weiter geht und bis zum heutigen tage
haben wir es -
wir haben unsere zeremonien, unsere taenze, unsere lieder,
unsere spezielle sprache.
das protokoll dem wir folgen und all das haben wir heute noch.

weisst du, das passierte mit allen menschen vom ganzen land.
all meine ahnen wollten diesen weg des lebens
behueten und sichern, die erde beschuetzen,
sie haben mit ihrem eignen leben dafuer
bezahlt und sind in vielen kriegen gestorben.
sei dir sicher, wir haben dies alles noch und sind wie wir sind.

seit dieser zeit schauten die menschen uns an und bezeichneten
uns als wilde menschen, du bist wild, du bist grausam, du bist
gefaehrlich, du kannst mich toeten und all diese geschichten
wurden ueber uns lakotas gesagt, aber wir sind nicht so.
wir lakotas sind froehliche menschen, haben ein kindliches herz,
wir teilen unsere dinge.
wir teilen unseren weg des lebens mit allen indianern durch das
ganze land.
manche von den indianern, leben in new york city,
sie leben in einer stadt.
dort sind so viele gebaeude, so viele menschen -
sie haben ihren weg verloren, sie haben ihre sprache verloren,
ihre kultur.
oder unten in los angeles die westkueste und jede stadt zwischen
west und ostkueste.
jede stadt wo die indianer in der naehe wohnen, kommen jedes jahr
zu uns, um ihre performance zu machen und dieses tun sie seit ihrer
kindheit, sie kommen und machen die zeremonien und lernen.
sie lernen den weg und dann solltest du wissen:

great spirit chooses you
he gives you a vision when you are on a hill
gives you a vision and says ok you gonna do this to help the people
you gonna pour water
you gonna do this things
you gonna help

so you know it's a whole life thing - you can't just read a book and
then become instant shaman.
maybe that's why us lakota are having a hard time
because people are abusing our way.
if they gonna do that if they gonna abuse ways and then charge
people to come.
take some of that money and give it back to the lakota over here.

give it to us over here - so we can do something,
we can start proper teaching instead of playing.
we had a very bad storm - it does happen last year may 8, 2015 -
it supposed to be warm.
the flowers are supposed to be growing and we had snow,
real deep snow.
so unjokely I told to my family, my wife and I said: "I didn't do it."
I said: "I didn't do it. it must be some non-native messing
with our ceremony,
throw the universe off a little bit.
"that shouldn't happen", I said.
"this thing shouldn't happen."

so if people become instant shaman and start running sweatlodge
and never been in lakota country or come to lakota.

der grosse schoepfer waehlt dich aus
er gibt dir eine vision, wenn du am huegel sitzt
gibt dir eine vision und sagt es ist ok,
wenn du den menschen helfen darfst
du kannst das wasser giessen
du kannst all diese dinge tun
du wirst den menschen helfen

damit du es verstehen kannst, dieser weg geht durch dein ganzes
leben und du kannst nicht einfach nur ein buch lesen und dann
sofort ein schamane sein.
das ist vielleicht ein grund, warum es uns lakotas so schlecht geht,
weil menschen unseren weg ausnutzen und benutzen.
warum gibst du nicht etwas von deinem geld zurueck an uns
lakotas?

du kannst es uns ruhig geben und dann koennen wir etwas tun,
wir koennen euch traditionell lehren anstatt zu spielen.
wir hatten letztes jahr am 8. mai 2015 einen boesen sturm -
es sollte eigentlich warm sein.
die blumen waren am wachsen und wir hatten schnee,
richtig tiefen schnee.
ohne witz, ich habe zu meiner familie und zu meiner frau gesagt:
„ich habe es nicht getan."
ich sagte: „ich habe es nicht getan. das ist sicher ein nicht indianer,
der mit unseren zeremonien spielt und
das universum ein bischen durcheinander bringt.
„das sollte nicht sein" sagte ich.
„diese dinge sollten nicht geschehen."
die augenblicklichen schamanen, die eine schwitzhuette machen und
das land der lakotas noch niemals betreten haben oder bei uns
lakotas zu besuch waren.

they I think some of the money that they charge should come
back to the lakota people.
so we can start doing things, so we can build our houses.

medicine turtle
I agree also I mean the sweatlodges, themselves are very dangerous
if you are not trained by a lakota.
because their dangerous not only to your health,
but it's also dangerous to your spirituality.

henry red cloud
oh ya you messing with something that's really sacred
it can harm you.
if you don't know how to do, it gonna harm you -
it may harm you physically, mentally, spiritually.
its gonna throw you up, its gonna rock your world and
your family may fall apart.
or something may happen you know it's you have ….
you have to learn
you have to learn the proper way
the protocol way
for those of you who do that out there and never stepped
into lakota country come over and see us.

medicine turtle
and there is a medicine man here I mean we liked we said before.
I mean he have a vision for a sacred center over here in pine ridge.
its peter v. catches down here he wants to do this.
so if you give this 10 % from all of this sweatlodges -
what you steal from the lakota's,
you gonna steal the ceremony's - then pitch this 10 % in and
give it to old man down here.

18

sie sollten, so denke ich, etwas von ihrem geld, das sie fuer dieses
verlangen, zu uns lakotas zurueckfliessen lassen.
wir koennen dann beginnen unsere haeuser zu bauen.

medicine turtle
ich stimme dir zu und ixh glaube, dass die schwitzhuetten sehr
gefaehrlich sein koennen, wenn du nicht von einem lakota
unterrichtet wurdest.
sie sind gefaehrlich, nicht nur fuer deine gesundheit,
sondern auch sehr gefaehrlich fuer deine spiritualitaet.

henry red cloud
oh ya du beschmutzt etwas sehr heiliges, dass dir
schaden kann.
wenn du nicht weisst wie, wird es dir schaden.
es schadet dir koerperlich, mental und spirituell.
es kann dich durcheinander werfen, deine welt durcheinander
wirbeln und deine familie koennte auseinander fallen.
oder es koente sonst noch etwas passieren, du solltest wissen . . . .
du musst es lernen
du musst es nach dem traditionellen ursprueglichen weg lernen
der protokollierte weg
fuer diese menschen, die es tun und noch niemals im land der
lakotas waren, kommt doch einfach zu uns und besucht uns.

medicine turtle
und hier gibt es einen medizinmann und ich glaube, wie ich es
schon vorher erwaehnt habe. er hat eine vision, ein
heiliges zentrum hier in pine ridge zu bauen.
es ist peter v. catches hier und er will es tun.
also wenn du schon schwitzhuetten von den lakotas stiehlst -
dann gib doch die 10 % diesem alten mann hier unten.

and let them build this spiritual house and henry will help building.

henry red cloud
that's the lakota people way of life.
that's why my ancestors took up their bows.
they didn't take a gun no they take their bows and they shoot.
we had this war because of defending
that way of life.

medicine turtle
and the ghost dance I think if I am not mistaken was also a spiritual
ceremony which was also surrounded by the sweatlodge,
but they were killed for this.

henry red cloud
for doing that - for practicing it.
you know it's terrible
we had our culture way
our language
all of this things
stolen from us
and telling us that we can't do it
the land was stolen
the sacred place was stolen
and today we fighting to get them back

und unterstuetze ihn doch, damit er das spirituelle haus bauen kann.

henry red cloud
es ist der weg des lebens der lakotas.
das ist der grund, warum meine ahnen die bogen erhoben haben.
sie haben keine gewehre genommen, sondern ihre boegen
und sie haben geschossen, um diesen weg des lebens
zu beschuetzen und zu verteidigen.

medicine turtle
und der ghost dance (geistertanz) war, wenn ich richtig bin,
war auch eine spirituelle zeremonie, in der die schwitzhuette
miteingebunden war, aber sie wurden dafuer umgebracht und
getoetet.

henry red cloud
weil sie das getan haben – weil sie es ausgeuebt haben.
weisst du es ist schrecklich
wir hatten unsere kultur, unseren weg
unsere sprache
all diese dinge
wurden uns gestohlen
und sie sagten uns, wir koennen es nicht mehr ausueben
das land wurde uns gestohlen
die heiligen plaetze wurden uns gestohlen
und heute kaempfen wir darum, dass wir sie zurueck bekommen

medicine turtle - part 2
aho I am sitting here with henry red cloud we are still discussing
the issue of the sweatlodges.
I mean this has been an issue that a lot of natives american leaders
are trying to stop and it's just something really really personal,
I mean.
I worked with my grandmother, and I work with other lakota
people and I worked with other cherokee people and cheyenne.
actually my ex-wife was part of the cheyenne, her grandfather was
a medicine man from the cheyenne river reservation.
it's just something it's not been covered in the books
that has been written.
you just can't take peoples culture and spirituality and all of that.
it belongs to the lakota people the sweatlodge.
I clearly agree as cherokee I mean it belongs to them.
cause I always say it's a lakota sweatlodge with the cherokee star.

but I think it belongs to all the people - but there has to be a way
to get proper respect.
I had to be here on the reservation few years back,
when henrys brother was living alfred.
he gave me permission here on the pine ridge to do one.

but only because he trusted in me and I trusted in him.
actually a kind of missing, actually a center peace of my heart
that I carry everywhere.
and he only give me permission to carry water,
because he trusted me and he know ok
your heart is with the lakota people.

medicine turtle - kapitel 2
aho ich sitze hier mit henry red cloud, wir sprechen immer
noch ueber die schwitzhuetten.
ich meine das ist ein thema, das schon viele indianische
haeuptlinge zu stoppen versucht haben und ich finde, dass es
etwas sehr sehr persoenliches ist.
ich habe mit meiner grossmutter gearbeitet und ich habe mit
vielen anderen lakotas gearbeitet und ich arbeitete
genauso mit anderen cherokees und cheyenne.
tatsaechlich war meine exfrau eine cheyenne, ihr grossvater war
ein medizinmann von dem cheyenne river reservat.
das ist etwas, was noch niemals in einem buch niedergeschrieben wurde.
man kann nicht einfach die kultur und die spiritualitaet von
menschen auf diese art stehlen.
die schwitzhuette gehoert den lakotas.
und ich als cherokee bestaetige, dass sie ihnen gehoert.
weil ich immer sage, es ist eine lakota schwitzhuette mit einem
cherokee stern.
ich denke sie gehoert allen menschen, jedoch ist es wichtig,
diesen weg mit dem respekt gegenueber der tradition zu gehen.
ich war vor einigen jahren hier im reservat bei henry,
als sein bruder alfred noch lebte.
er hat mir die erlaubnis gegeben, hier in pine ridge eine
schwitzhuette zu machen.
jedoch nur weil er mir vertraute und ich ihm.
auf eine art fehlt er mir, aber in meinem zentrum im herzen
trage ich ihn ueberall mit mir.
und er hat mir die erlaubnis gegeben wasser zu giessen,
weil er mir vertraute und er wusste, ok
mein herz ist mit den lakotas.

henry is trying here to explain that you know it's wrong to do
sweatlodge not unless you have
the proper training by the proper medicine man or the
proper lakota leaders like henry.
henry can do a sweatlodge.
and you should, if you gonna do it - if you just going to
do it - at least give 10 %.

today I had the privilege to meet the one of the great medicine man
her on the reservation peter v. catches.
he has a vision and this vision is to build a spiritual house
right here on the pine ridge indian reservation.
but guess why people don't come out here and pour out
to see this old man.
they should be pouring out here to ask permission to pour water!
they should come down here and ask him for permission to pour
water in your sweatlodge.
or send this old man some money so he can build – 10 % of what
you get from your sweatlodge that you running – give it to the
lakota people – its stealing – give something back.

henry red cloud
yeah that's a form of stealing I guess.
we went through so much, we had land thievery all of this things.
but we still here, we still here and generations now we still here.
we going to be here for a very long time and we wanna share and
there is a proper way to do things.

henry versucht zu erklaeren, dass du wissen sollst, dass es
falsch ist eine schwitzhuette zu machen, wenn du nicht
traditionell bei einem medizinmann gelernt hast oder
bei einem haeuptling, wie henry einer ist.
auch henry macht schwitzhuetten.
und du solltest, wenn du es schon machst – und wenn du es
trotzdem machst – gib doch einfach 10 % zurueck.

heute hatte ich das privileg einer der groessten medizinmaenner
hier auf dem reservat zu sehen, peter v. cathes.
er hat eine vision und diese vision ist, dass er ein spirituelles
haus hier im pine ridge reservat erbauen will.
aber meine vermutung ist, dass die leute nicht hierher kommen,
um diesen alten mann zu sehen.
sie sollten hierher stroemen, um die erlaubnis das wasser
zu giessen zu bekommen!
sie sollten hierher kommen und ihn um erlaubnis fragen,
damit sie das wasser in der schwitzhuette giessen duerfen.
ihr koennt dem alten mann geld von euren schwitzhuetten geben,
10 % von dem was ihr von euren schwitzhuetten, die ihr macht,
verlangt – gebt es zurueck an die lakotas – es ist stehlen -
gebt doch etwas zurueck.
henry red cloud
yeah ich vermute auch, dass das eine form von stehlen ist.
wir mussten so vieles ertragen, das land und so viele dinge
wurden uns gestohlen.
jedoch haben wir ueber generationen ueberlebt und wir sind
immer noch hier.
wir sind nun schon seit langer zeit hier und wir wollen unseren
weg mit euch teilen und euch den traditionellen weg zeigen.

a respectable proper way to do things.
you just can't do it.
so you need to speak with a lakota person.
and everything is not on google and not in a book.
just come to the lakota.

medicine turtle
if you wanna learn something about lakota,
I am telling you it's not on google.
you gotta come to the source.
and the source will tell you because it's not written in books,
because the lakota people share with everybody -
but there is some things the lakota people don't share.

henry red cloud
we wanna continue the sharing and giving and being lakota -
because we are earth people.
we wanna do that it's in our heart, it's in our spirit to do that.
so we wanna have people do this in a proper way.

medicine turtle
and if you can't find the right people to teach the proper way.
come to pine ridge.

henry red cloud
come to pine ridge.
or come to see me, I am coming in june.
come sit down, come talk to me, come meet with me.
maybe bring that 10 % and give it to me, so I can bring it back.

den respektvollen traditionellen weg erlernen.
du kannst es nicht machen.
du benoetigst das gespraech mit einem lakota.
und dieses wirst du nicht auf google oder in einem buch finden.
komm zu den lakotas.

medicine turtle
wenn du etwas ueber die lakotas lernen willst,
dann sage ich dir, dass du es nicht auf google finden wirst.
du solltest zum ursprung gehen.
und die quelle wird dir zeigen und dir sagen, dass dieses nicht
in buechern niedergeschrieben wurde, die lakotas teilen es,
und es gibt dinge, die sie nicht teilen.

henry red cloud
wir wollen den austausch fortsetzen und auch geben,
wir sind lakota - wir sind menschen der erde.
wir wollen das tun, weil es in unserem herzen und in
unserem geist ist, das zu tun.
und darum wollen wir menschen haben,
die es auf dem traditionellen weg machen.

medicine turtle
und wenn du nicht die richtigen leute finden kannst, die dich auf
dem traditionellen weg unterrichten, dann komm nach pine ridge.

henry red cloud
komme zu uns nach pine ridge.
oder komm, um mich zu sehen, ich komme im juni.
komm sezte dich zu mir, rede mit mir und triff dich mit mir.
vielleicht kannst du auch dein 10 % bringen und ich bringe
sie zurueck nach hause.

medicine turtle
and he can bring this money into lakota solar and build homes.

henry red cloud
make a better way prosper better way for the lakota people.

medicine turtle
this is exactly what need to be done.
just come to henrys place and he will take you to the spiritual leader.
henry take you to the spiritual leader he put you in the right place to
get the proper training.
and get the right blessing of what you need and they will
properly train you in the lakota protocol.
I mean this is what it needs to be done.
get the training don't take it from a book or don't take it
from the google.
it's not that you can't do it.

I mean I been out in europe I've took a lakota medicine man in
europe with me a lakota medicine man.
a lakota medicine man born in pine ridge in 1909 in a tipi.
and I had people tell me right in my face that this old lakota
medicine man can't even do the ceremony in their sweatlodge.
but we can sit in their sweatlodge because they were
given a pipe by a lakota.
I never had heard anything like this in my life!

henry red cloud
no that's wrong, terrible.

medicine turtle
er kann das geld in das lakota solar projekt geben und hauser bauen.

henry red cloud
mache einen besseren traditionellen weg,
einen besseren weg fuer die lakotas.

medicine turtle
das ist genau das, was getan werden sollte.
komm hier zu henry und er wird dich zu dem spirituellen fuehrer
bringen. Henry wird dich an den richtigen platz bringen,
damit du deinen traditionellen unterricht bekommst.
und du wirst den richtigen segen bekommen und das was du
benoetigst, traditionellen unterricht nach dem lakota protokoll.
und ich glaube so muss es getan werden.
mache den unterricht und nimm es nicht aus einem buch oder
suche es in google.
es heisst nicht, dass du es nicht machen kannst.

ich sage euch ich war in europa mit einem lakota medizinmann
unterwegs. ein lakota medizinmann, der 1909 in einem tipi geboren
wurde. und ich habe erlebt, dass menschen mir ins gesicht sagten,
dass der alte lakota medizinmann keine zeremonie in ihren
schwitzhuetten machen darf und kann.
aber wir koennen in ihrer schwitzhuette sitzen,
weil sie haben die pfeiffe von einem lakota bekommen.
ich habe noch nie in meinem leben so etwas gehoert!

henry red cloud
nein, das ist falsch, schrecklich.

it's a learning thing too and we need to learn to be more compassion
and more respectful.
and to give back - give back.

medicine turtle
I gonna tell you, I was over there in switzerland I gotta
tell you this one.
when I was in switzerland I took a lakota medicine man with me.
and he was almost 80 years old and the guys says:
"well you guys you can sit in the ceremony."
he said he was a blackfoot medicine man,
but he was from switzerland.
and the old man got in there and he said: "ok so if it's that go to the
car and bring my knife."
then we gonna start and offer the flesh off in the sweatlodge.
and the blackfoot guy which was the swiss guy, he runs out and
he says: "that can't be. You can't do that."
so anyway to make the long story short,
he promised us 800 $ to the lakota.

medicine turtle – part 3
we back again with part 3 our segment on misappropriation of
doing sweatlodges and they totally belong to the Lakota people.
I am with henry red cloud and henrys people have actually died and
battled by protecting this sweatlodges.
their land was took from them
the religion was took from them
the way of life
cause we don't call it religion - we call it **WAY OF LIFE**

es ist ein lernen notwendig und wir sollten natuerlich auch
das mitgefuehl und den noetigen respekt lernen.
und zurueck geben – zurueck geben.

medicine turtle
ich erzaehle euch eine geschichte, als ich in der schweiz war,
ich muss sie euch erzaehlen.
ich war mit dem lakota medizinmann in der schweiz unterwegs.
und er war schon fast 80 jahre alt und ein mann sagte uns:
„ja ihr jungs koennt bei uns in der zeremonie dabei sein."
er sagte, er sei ein blackfoot medizinmann,
jedoch war er ein schweizer.
und der alte mann sagte: „ok kannst du bitte zum auto gehen
und mir das messer bringen?"
dann koennen wir das fleisch in der schwitzhuette opfern.
und der blackfoot mann, der ein schweizer war, rannte herum
und sagte: „das kann nicht sein. ihr koennt das nicht tun."
um diese geschichte nicht zu lange zu machen,
er versprach uns 800 $ fuer die lakotas.

medicine turtle – kapitel 3
wir sind wieder zurueck mit dem 3. kapitel und wir sprechen immer
noch ueber das segment der veruntreuung ueber das ausueben der
schwitzhuetten, die natuerlich voll und ganz den lakotas gehoeren.
ich bin hier mit henry red cloud und henrys vorfahren sind
wirklich getoetet worden, weil sie gekaempft haben,
um die schwitzhuetten zu beschuetzen.
das land wurde ihnen genommen
die religion wurde ihnen genommen
der weg des lebens
denn wir sagen nicht religion - wir nennen es **WAY OF LIFE
(WEG DES LEBENS)**

we was talking earlier about:
I was with a lakota and the guy promised us $ 800,- to go
there and do.
basiclly it was an offering for the lakota people,
we was raising money for the lakota people.
he made an offering to us and he end up giving us $ 300,-
it was the swiss guy.
and his wife was so upset, because she was the one who
took the flesh off.
we was giving flesh in the blackfoot way.
she went out to the car and she get a box of money.
and she handed to us she says:
"this is my blackfoot swiss guy his money for the whole year for
doing sweatlodges and I wanted to give it to you."

and the old man was standing there and he didn't really hear,
because he didn't could hear so good.
and I said: "ok I give it to him",
I put it in his hand and now we go in the car.
we drive across the swiss border and he still chasing us in the car.
the old man say: "just let her grase!",
the old man says: "let her grase!"
I drove right straight across the swiss border without even stop.
we open the box and it was a big celebration.
of course we managed by 4 buffalos and with the rest he bought
firewood for the lakotas.
this is only one story what can happen.
in my version, what I want to ask you:
"the right way to do - it is to be trained by a lakota?"

wir sprachen schon vorher darueber:
ich war mit einem lakota unterwegs und sie haben uns
800 $ versprochen.
im grunde genommen, war es ein angebot fuer die lakotas,
weil wir geld fuer die lakotas gesammelt haben.
er hat uns ein angebot gemacht und am ende wollte uns der
schweizer noch 300 $ geben.
seine frau war richtig wuetend und sie war dabei und
hat auch ihr fleisch geopfert.
wir haben es nach der blackfoot tradition gemacht.
sie ging hinaus zu ihrem auto und kam mit einer box zurueck.
und sie gab uns die box in die hand und sagte:
„das ist das ganze geld vom ganzen jahr von den schwitzhuetten,
was mein schweizer blackfoot mann verdient hat und ich moechte
es euch geben."
und der alte mann stand da und konnte es nicht richtig hoeren,
weil er nicht mehr so gut hoerte.
und ich sagte: „ok ich werde es ihm geben",
ich habe es in seine hand getan und wir gingen zum auto.
wir sind bei der schweizer grenze ohne zu stoppen durch gefahren.
der alte mann sagte: „fahr weiter",
der alte mann sagte: „fahr weiter!"
ich bin dann gerade durch die schweizer grenze gefahren und habe
nicht angehalten. und dann haben wir die schachtel aufgemacht und
es war eine grosse feier.
ja wir haben 4 bueffel gekauft und mit dem restlichen geld hat er
brennholz fuer die lakotas gekauft.
das ist nur eine von den geschichten, was passieren kann und darf.
ich moechte dich in meinem sinne fragen:
„ist der richtige weg der weg, dass du von einem lakota unterrichtet
und trainiert wirst?"

henry red cloud
that's the proper way, that's the original it has to be,
there is no other way.
if you don't do it that way - than it's not good for you, it's not good.

medicine turtle
I don't care what you read in a book.
what you google.
I mean we got the chief right here and he is telling you:
"Its not right!"

henry red cloud
its not right.

medicine turtle
and if you gonna steal - give some money back.

henry red cloud
give back, give back, don't steal all the time!

medicine turtle
give some money back.
if you gonna do it at least feel a little bit good about it.
give some back.

henry red cloud
yeah give some back.
so we can do things.
we can build houses.
we can start building our center.
bringing up the quality of life.

henry red cloud
das ist der urspruengliche weg, das ist der traditionelle weg und es
gibt keinen anderen weg. und wenn du es nicht nach dem weg
machst, dann ist es nicht gut fuer dich, nicht wirklich gut.

medicine turtle
es ist mir egal, was du in deinem buch liest.
oder was du googlest.
und ich sage dir, wir haben den haeuptling hier und er sagt dir:
„es ist nicht richtig!"

henry red cloud
es ist nicht richtig

medicine turtle
und wenn du es schon stiehlst - dann gib etwas geld zurueck.

henry red cloud
gib zurueck, gib zurueck und hoere auf zu stehlen!

medicine turtle
gib etwas geld zurueck
wenn du es trotzdem machst, dann tue es mit einem besseren
gefuehl. gib etwas zurueck.

henry red cloud
yeah gib etwas zurueck.
dann koennen wir etwas machen.
wir koennen haeuser bauen.
wir koennen das zentrum erbauen.
unsere lebensqualitaet erhoehen.

medicine turtle
my thing is and I say it again:
"if you say you don't know how to find somebody, come to henry.
henry will direct you to a lakota leader.

henry red cloud
come to lakota country, come.

medicine turtle
come to the lakota country.
henry will take you to some place that you can get it done.

henry red cloud
come and look and ask google: where Henry lives and
google will tell you and you can come.
lakota solar enterprises

medicine turtle
lakota solar enterprises
this is henry red cloud 5 th generation of

henry red cloud
ma⍰píya lúta chief red cloud

medicine turtle
and that's the proper respect to give.
so no more of this fake visionquest
fake sweatlodges.

medicine turtle
mein ding ist es und ich sage es noch einmal:
„wenn du niemanden finden kannst, dann komm zu
henry. er wird dich direkt zu einem lakota fuehrer bringen."

henry red cloud
komm zu uns ins lakota land, komm.

medicine turtle
komm ins lakota land.
henry wird dir die plaetze zeigen, wo du alles bekommst.

henry red cloud
komm und schau oder frage google: wo henry lebt,
google wird dir sagen wo und du kannst kommen.
lakota solar enterprises

medicine turtle
lakota solar enterprises
das ist henry 5. generation nachfahre von

henry red cloud
maȟpíya lúta chief red cloud

medicine turtle
und das ist der ordnungsgemaesse respekt, den ihr geben solltet,
gegenueber dem traditionellen ursrpuenglichen weg.
keine falschen visionssuchen mehr,
keine gefaelschten schwitzhuetten mehr.

henry red cloud
let's do it right.
let's do it respectful and right and then give back.

Mani wastete yo
aho

medicine turtle
aho

medicine turtle & henry red cloud january 1, 2016
pine ridge reservation south dakota

MEDICINE TURTLE TALKS
missouri warrenton january 3, 2016

henry red cloud
lasst es uns richtig machen.
lasst es uns mit respekt und auf dem richtigen weg machen und
und dann zurueckgeben.

Glück auf Deinem Weg
aho

medicine turtle
aho

medicine turtle und henry red cloud 1. Jaenner 2016
pine ridge reservat south dakota

MEDICINE TURTLE SPRICHT
missouri warrenton january 3, 2016

now we talk about the other way around
if you do this in the right way.
when you go in the medicine wheel - 12 life times -
make it all right the first time,
learning from the grandfathers,
happy hunting ground,
maybe you gonna call it paradise,
that's where you gonna be at,
the right place.
with the wrong way you will be dust and you gonna stay there,
it's like I told you before.
you sitten there every day you gonna have all this
dreams and this visions.
how much money you took from the lakota?
your head gonna drive you crazy and you hear the screams from the
people, hear the cry's from children being hungry.
I don't know what you will do then,
sitting back in your comfortable place?
you gonna hear their voices, they won't go away.

if you do the right thing - go in the land of the grandfathers,
get the right lessons,
the right teaching from the lakota.
when they say you can do it - you can do it.
you get it from the right point.

you know what's right or wrong, the right person, the right elder.
then back again, even if you are doing it in the right relationship.
what are you giving back?
how you can call it: "the right relationship is ok?"

nun sprechen wir ueber den anderen weg, sagen wir,
wenn du es nach dem richtigen weg machst.
wenn du durch das medizinrad wanderst – 12 leben lang -
wenn du alles das erste mal richtig machst,
wenn du von den grossvaetern lernst,
den gluecklichen ueberdruessigen boden,
du kannst es auch das paradies nennen,
das ist der platz wo du sein wirst,
der richtige ort.
mit dem falschen weg wirst du zu staub und du wirst dort
stehen, wie ich es dir vorher schon gesagt habe.
du wirst dort jeden tag sitzen mit all deinen traeumen und
visionen.
wieviel geld hast du von den lakotas gestohlen?
dein kopf und deine gedanken werden dich verrueckt machen
und du wirst die schreie von den menschen hoeren,
den kindern die hungrig sind.
ich weiss nicht, was du dann tun wirst, dich an deinem
gemuetlichen platz zuruecklehnen?
du wirst die geraeusche hoeren und sie werden nicht verschwinden.

wenn du es aber richtig machst – gehst du in das land der ahnen,
den richtigen unterricht bekommst,
das richtige lernst von den lakotas.
und wenn sie dir sagen, du kannst es tun, dann kannst du es tun.
dann beginnst du am richtigen punkt.

du weisst was richtig oder falsch ist, die richtige person,
der richtige aelteste. um wieder zurueckzukommen,
wenn du es in der richtigen freundschaft machst.
was gibst du zurueck?
wie du es auch nennen willst: „die richtige beziehung ist ok?"

I got this trust from an elder,
I got this trust from a medicine person to do it.
I can pour water - they give me permission to pour.
what are you giving back?
are you putting money on the reservation?
are you giving it to the native american indians?
or you take it all for yourself?
think about your relationship.
maybe you won't get it so bad in the end.
maybe say okay you had the permission,
but you didn't give nothing back?

let us look to the church, let's make a little comparison,
the christian scription says give 10 % of your tidings,
10 % of your earnings to the lord,
to the lords work, the lords house.
how you giving 10 % back to the indians?
you don't give 10 % back to the native americans work,
into their homes, their house?
you ain't bringing that money back?
you put it all in your mercedes benz, porsche and audi.
soaking it up, eaten lobster, relaxing.
going to a big restaurant after you do the sweatlodge,
spending all the money that you got there – poor.
native americans suffering on the reservation.
how you call that giving back 10 %?
how you call that giving back 10 %?
they don't give back nothing?
maybe you don't get it so bad?
maybe you gonna get it?
think about that, I don't know how that's gonna work?

ich habe dieses vertrauen von einem aeltesten bekommen,
ich bekam die erlaubnis von einem medizinmann, es zu tun.
ich darf wasser giessen - er gab mir die erlaubnis.
was gibst du zurueck?
uebergibst du dem reservat geld?
gibst du etwas an die indianer zurueck?
denke an deine beziehung zu ihnen.
vielleicht bekommst du es am ende nicht so schlecht.
sagen wir okay du hast die erlaubnis,
aber du hast ihnen nichts zurueckgegeben?

schauen wir uns die kirche an, machen wir eine kleine
gegenueberstellung, die christliche bibel sagt, gib 10 % deiner maere,
10 % deines einkommens zu gott,
zu der arbeit von gott, in gottes haus.
wie gibst du 10 % zurueck zu den indianern?
du gibst nicht 10 % zurueck in ihre indianische arbeit,
in ihre heimat, zu ihren haeusern?
du bringst ihnen keinen geld zurueck?
du brauchst alles fuer deinen mercedes benz, porsche und audi.
du saugst es auf, isst lobster und entspannst dich dabei.
gehst in ein grosses restaurant nach der schwitzhuette und
gibst all dein geld aus – arm.
und die indianer gehen in den reservaten zu grunde.
wie benennst du dieses zurueckgeben von den 10 %?
wie benennst du dieses zurueckgeben von den 10 %?
ihr gebt gar nichts zurueck?
vielleicht wird es dann nicht so schlecht sein?
vielleicht verstehst du was ich meine?
denke darueber nach, ich weiss nicht, wie das funktioniert?

but I am sure there's gonna be some repercussions.
do you know what's repercussion means?
that means there gonna be an effect.
the cause of the effect gonna be a pay back, some way or the other.
you still haven't learned your lesson.
but give a little something back - don't hurt nothing.
we got a lot of this native american organization, but they too lazy.
you can get on the internet there, search around a little bit.
you gonna find some poor native american organization -
they need a little money.
put 10 % of that sweatlodge money on them,
just 10 % give a little back.
that's only you have to have proper respect,
and a proper training and permission.
and give a little back, give him a thank you, so I respect that,
that he gave you permission.
I respect that he gave you permission
so you give him something back.
you don't have to give it back to the same person
that gave you the permission.
just give him back in some way.
it is tiding, this is offering.
we talk about the Christian bible, it's a good thing also a supply to
the native americans way -
about giving back and respect.

a lot of you over there saying: „yeah I got my training from a
medicine man here a medicine man there."
what are you giving back?
nothing, you don't give nothing back, no respect, nothing.
think about that next time you do your sweats, about giving back,
giving to the people.

aber ich bin mir sicher, dass das auswirkungen hat.
weisst du, was auswirkungen wirklich bedeutet?
das heisst, es wird einen effekt, eine reaktion geben.
die ursache des effekts kann ein zurueckzahlen sein, so oder so.
weil du deine lektion noch nicht gelernt hast.
wenn du nur ein bischen zurueck gibst – es tut ja nicht weh.
es gibt viele indianische organisationen, sie sind ein bisschen faul.
du kannst sie im internet finden, wenn du ein bisschen suchst.
du wirst sicher eine arme indianische organisation finden -
sie brauchen ein wenig geld.
gib 10 % von dem schwitzhuetten geld ab,
wenn du nur 10 % zurueckgibst.
das geht nur, wenn du einen respekt gegenueber der tradition hast,
mit einer urspruenglichen ausbildung und einer erlaubnis.
dann gibst du etwas zurueck, ein danke, dann respektiere ich das,
denn er hat dir die erlaubnis gegeben.
ich respektiere das, weil er dir die erlaubnis gegeben hat und
du ihm etwas zurueck gibst.
du musst es nicht der gleichen person geben, die dir die
erlaubnis gab.
du gibst es auf irgendeinem weg zurueck.
es sind gaben, es sind opfergaben.
wir reden ueber die christliche bibel, es ist ein gutes Angebot
fuer den native indianischen weg -
ueber den respekt und das zurueck geben.
viele von euch sagen da drueben: „yeah ich bin von einem
medizinmann hier und dort unterrrrichtet worden.“
und was gibst du zurueck?
nichts, du gibst nichts zurueck, keinen respekt, nichts.
denke darueber nach, wenn du die naechste schwitzhuette machst,
ueber das zurueckgeben, gib es den menschen zurueck.

because if it so valuable to you - place your thoughts on your value.
evidently you have no value without giving it back.

you know, long ago the native americans believe into the
7 rights of the lakota.
they adopted you in the tribe.
a single lakota, one it only takes one, adopted you in the family,
brought you in.
my brother alfred took me in the family, brought me in.
lame deer brought me in, in their family,
took me as one of their own.
you got to do the same, got to be part of the family.
this kind of way bringing in is thicker than blood, this is real family.
you can ask your relatives for something when you get need,
they don' t ask you why.
what you need this for or you need that for?
they respect you.
that's the way you got to do it.
native americans, almost all tribes it's the same way,
they have a way to take you in the family.
they take you in, they bring you in their way,
they make you one of their own.
you no longer belong in the other family - now you belong to this
one, you are a part of their family.
if you don't understand this,
you don't understand how nothing works.
how the plant system works, how the trees work,
how the spirit work.
to take into family spirit, spirits are the old ones,
the right relationship.

wenn es fuer dich so wichtig ist - dann ordne deine gedanken,
damit du den wert erkennen kannst.
offenbar hast du keinen wert ohne zurueckzugeben.

weisst du, vor vielen vielen jahren, glaubten die indianer an
die 7 rechte der lakota.
sie adoptierten dich in ihren stamm.
ein einziger lakota, einer, es braucht nur einen, kann dich in
die familie adoptieren, bringt dich hinein.
mein bruder alfred hat mich in seine familie aufgenommen.
lame deer hat mich in seine familie aufgenommen,
als einer von ihnen. du solltest dasselbe tun, damit du ein
teil ihrer familie werden kannst.
dieser weg - jemanden in die familie zu bringen - ist dicker als blut,
das ist die wahre familie. du kannst deine verwandten fragen und sie
werden dir alles geben, was du brauchst, ohne zu fragen warum.
warum brauchst du das oder fuer was brauchst du das?
sie respektieren dich. das ist der richtige weg.
indianer, beinahe bei allen staemmen ist es dergleiche weg,
sie haben einen weg, dich in ihre familie aufzunehmen.
sie nehmen dich auf, sie zeigen dir ihren weg,
sie machen dich zu einem von ihnen.
du gehoerst nicht laenger zu deiner anderen familie - du gehoerst
nun zu ihnen und bist ein teil ihrer familie.
wenn du das nicht verstehst,
wirst du nicht verstehen, wie die dinge sind.
wie das pflanzensystem arbeitet,
wie die baeume arbeiten und wie der spirit arbeitet.
sie bringen dich in ihren familien spirit, die spirits sind die aeltesten,
die richtige beziehung.

now we talk about **channeling**
channeling to sitting bull
channeling to big bear
channeling to chief red cloud
channeling

let me tell you something . . .
this old spirits - they don't gonna give you a time the day.
not unless you are in a right relationship
when you are adopted into that family.
you don't gonna get a time the day, no respect, nothing.
you ain't channeling to nobody.
if there is a thing from channeling, ya, there is a thing,
it's called
"TALKING TO THE SPIRITS"

unless you have this relationship,
you are adopted into the family,
in the lakota family.

you don't gonna channel to lakota spirits
who is passed on hundred years ago.
unless you are adopted into a family,
this is the right relationship.
the right way, then you can channel, then you can ask:
"what I need?"
"how I can help the people here?"
you sit up there,
channeling,
beat up the drum,
chicken feathers in your hair.

nun sprechen wir ueber das **channeling**
channeling zu sitting bull
channeling zu big bear
channeling zu chief red cloud
channeling

lasst mich etwas erzaehlen . . .
diese alten spirits - die werden euch keine zeit geben.
nicht bis du in der richtigen beziehung mit ihnen bist und
in die familie adoptiert wurdest.
du wirst keine zeit des tages bekommen, keinen respekt, nichts.
du channelst zu niemanden.
wenn es etwas gibt wie channeling, ya, da gibt es etwas,
man nennt es
„DAS SPRECHEN MIT DEN SPIRITS"

es sei denn du hast diese beziehung, freundschaft,
du bist in die familie adoptiert,
in die lakota familie.

du wirst niemals einen lakota spirit channeln,
der vor hunderten jahren gegangen ist.
es sei denn, du bist in eine familie adoptiert worden -
das ist das richtige beziehungsverhaeltnis.
das ist der richtige weg, dann kannst du channeln, dann fragst du:
„was brauche ich?"
„wie kann ich den menschen helfen?"
du sitzt dort drueben,
channelst,
schlaegst die trommel,
huehnerfedern in deinen haaren.

you think you are talking to the people through lame deer, black elk,
fools crow, big bear.
you channeling to nobody.
big bear wouldn't give you a glass of water,
if you were going to a fire.
that's right.

they talk about that fire a lot in the christian philosophy.
you going to get to know it - because you ain't channeling nothing.
a lot of people talk about this - you got to hear it in the right way.
I get involved in a lot of this channeling stuff.
when I channel, I channel through my cherokee people - I am in
the family through blood.
when I channel, I channel to my adopted lakota family's,
they give me permission to channel, talk to the elder's.

you ain't got no permission.
the spirits don't listen to you they don't recognize you.
they say who is this person with the chicken feathers on their head,
trying to talk to me, beaten on the drum?
they don't listen to that crap.
you gonna have to get to know the real thing.
you don't know the real way.

a lot of cherokee brothers and sisters know the way and
a lot of the lakota people know the way.
come on down, get in the family, get in the reservations.
come on get in, we got plenty room for you.
then you can heal, then you can hear it.
look at yourself, how funny you look.

du glaubst, du sprichst zu den menschen durch wie
lame deer, black elk, fools crow, big bear.
du channelst niemanden.
big bear wuerde dir nicht mal ein glass wasser bringen,
wenn du zu einem feuer gehen wuerdest.
das stimmt.

sie reden ueber das feuer in der christlichen philosophie.
du solltest das nun wissen - weil du nichts channelst.
viele menschen sprechen darueber - du solltest es jetzt
auf dem richtigen weg hoeren.
ich war an vielen geschichten mit dem channeling beteiligt.
wenn ich channele, channele ich durch meine cherokees -
ich bin durch das blut in der familie.
wenn ich channele, channele ich durch meine adoption in
die lakota familien, sie gaben mir die erlaubnis zum channeln,
um zu den aeltesten zu sprechen.

du hast keine erlaubnis.
die spirits hoeren dir gar nicht zu, sie kennen dich nicht.
sie sagen, wer ist diese person mit ihren huehnerfedern auf dem
kopf, die versucht mit uns zu sprechen und die trommel schlaegt?
sie hoeren diesem bloedsinn nicht zu.
du solltest die reale sache kennenlernen,
du kennst den wahren weg nicht.

viele von den cherokee bruedern und schwestern kennen den weg
und viele von den lakotas kennen den weg.
komm zu uns, komm in die familie, komm ins reservat.
komm zu uns, wir haben genug platz.
dann kannst du heilen, dann kannst du es hoeren.
schau dich selber an, wie lustig du aussiehst.

laying there rolling up in the blankets.
laying on the floor, rolling around.

I have heared about the baptism of the holy spirit.
talk about in the bible from john the baptist.
he said one comes, who' s name that I am not worthy speak.
gonna baptize you with fire.
that was under the day of pentecost
you can read down there in the acts book.
I hope you got a bible and you are not stupid enough to read it.
he talks about that when the spirit come over in the
day of pentecost.
the people start speaking in tongs in different languages.
how you think you gonna talk to the lakota spirits,
if you don't understand their language?
you can't, you never will, because you not been baptist in that fire.
same way - being baptist.

when a holy man gives you a blessing,
a holy lakota or cherokee medicine man or woman.
they reads down, baptize you with feather and smoke,
baptize you with the fire.
let say it's a little bit like the bible, a little baptism.
you gonna speak Lakota it's gonna come to you.
words are gonna come, you don't have to study,
you don't have to read it,
you don't have to google it,
you don't have to read it in a book.
words in the old language gonna come through.
that's the way how it is.
first you gonna start with a few words, with a few little phrases.

liegst auf deinem aufgerollten teppich,
liegst auf dem boden und rollst umher.

ich habe von der taufe des heiligen feuers gehoert.
sie sprechen darueber in der bibel von johannes dem taeufer.
er sagte, es wird einer kommen, dessen name ich nicht ausspreche.
er wird euch die taufe des feuers geben.
das war zur zeit an pfingsten, du kannst es in den buechern
lesen. ich hoffe, du hast eine bibel und bist nicht bloed genug
sie zu lesen.
er spricht darueber wenn der geist ueber uns am
tag zu pfingsten kommt.
die menschen werden mit ihren zungen in verschiedenen sprachen
sprechen. was meinst du, wie kannst du mit den lakota spirits
sprechen, wenn du ihre sprache nicht verstehst?
du kannst es nicht und du wirst es nie koennen, weil sie dir die
taufe mit dem feuer geben muessen. derselbe weg – als taeufer.

wenn ein heiliger mann dir den segen gibt, ein heiliger lakota oder
cherokee medizinmann oder medizinfrau.
sie lesen dich, sie taufen dich mit der feder und dem rauch,
sie taufen dich mit dem feuer.
sagen wir, es ist so wie in der bibel, eine kleine taufe.
du wirst in der sprache der lakota sprechen, sie kommt zu dir.
die woerter werden kommen, du musst sie nicht studieren,
du musst sie nicht lesen,
du musst sie nicht in google uebersetzen,
und du musst sie nicht in einem buch lesen.
die woerter der alten sprache werden zu dir kommen.
das ist der weg wie es ist.
zuerst werden es nur wenige woerter sein, kleine saetze.

but you don't know the power until you bin there.
you have to think about this thing, long and hard when you talking
about channeling.
it's heavy, you ain't channeling no indians.

indians got to sitting there, eating the buffalo meat in the holy place.
sitten there with the white buffalo woman
eaten on a piece of buffalo.
chewing on his fat.
smiling.
smiling and looking down on you and saying:
„look at this silly person."
silly we don't gonna listen to them.
they won't something from us and they don't even have the pride.
they don't even have the pride get off of their ass and
go to a medicine man or medicine woman and say:
„please let me channel, let me talk with the spirits, please."
"let me talk with your relatives, adopted me in your family."

they don't have the guide of the spiritual way.
so, the only thing you was doing is, you get this elders from the past,
sitting there and laughing,
chewing on a piece of buffalo meat and fat.
yeah, it keeps them busy, its comedy show.
the elders gonna laugh about that.
look at them, going there in a circle, dancing around and
making this funny ceremonies.
what is that? there are no spirit.
but that's the spirit - they gonna pay for it in the end.
they gonna pay for that.

you don't know this things, you gonna find them out.

und du wirst die kraft erst verstehen, wenn du dort warst.
du musst ueber diese dinge nachdenken,
wenn du ueber channeling redest.
es ist schwierig, du channelst mit keinem indianer.

die indianer werden dort sitzen, bueffelfleisch essen an ihrem
heiligen platz. werden mit der weissen bueffelkalbfrau ein stueck
von einem bueffel essen.
an seinem fett kauen.
lachen.
lachen und auf dich herab schauen und sie werden sagen:
„schau die alberne person dort unten an."
albern, weil wir ihr nicht zuhoeren werden.
die wollen was von uns und haben nicht mal den stolz und die ehre.
sie haben nicht mal den stolz, um ihren hintern zu heben und zu
einem medizinmann oder medizinfrau zu gehen und zu fragen:
„bitte, lass mich channeln, lass mich mit den spirits sprechen, bitte."
„lass mich mit deinen ahnen reden, adoptiere mich in deine familie."

sie haben nicht die fuehrung fuer den spirituellen weg.
so das einzige was du getan hast, du hast die aeltesten von der
vergangenheit, die da sitzen, zum lachen gebracht,
sie kauen an einem stueck bueffelfleisch oder fett.
yeah, sie sind beschaeftigt, fuer sie ist es eine comedy show.
die aeltesten werden darueber lachen.
schau sie dir an, sie drehen sich im kreis, tanzen umher und
machen lustige zeremonien.
was ist das? dort ist kein spirit.
aber das sind die spirits - und am ende werdet ihr dafuer bezahlen.
ihr werdet dafuer bezahlen.

wenn du nicht weisst wie das geht, wirst du es herausfinden.

looking around - it's like **giving a name.**
a medicine man or medicine woman gives you a name.
earn you the right, they give you the name,
many long years of training.
before they give permission, give you authorization -
they give you a name.
names got power, name changes, all the people say:
„yeah why she keep changing the name?"
because the name is who you are, the name comes.
great many things, changing your life, the name has to fit.
maybe your old name that you got a long time
ago don't fit you no more?
it's not the wright one, you have to go to the spiritual leader and say:
"hey look at my life, look at my life.
It's scrolled up,
I got a divorce,
I got a relationship problem.
I can't find a job.
maybe I need a new name?"

what you gonna do with this shit what you got?
you can't buy you nothing?
your bank account is empty.
the name you have it ain't work nothing.
get a new name, go to a lakota leader.
the name I got is not good, I can't use it no more, worthless.
I need a new name to give me power, to give me energy.
what could be my name?
use that name.
but don't think that you just can go ahead and go around
and giving away names.

schau umher – das ist wie das **geben eines namens.**
ein medizinmann oder medizinfrau gibt dir einen namen.
du verdienst den richtigen, sie geben dir den namen,
viele jahre des trainings und des unterrichten.
bevor sie dir eine erlaubnis geben, geben sie dir eine genehmigung -
sie geben dir einen namen.
namen haben ihre kraft, der name veraendert, alle sagen:
„yeah, warum aendert sie laufend ihre namen?"
weil der name das ist, was du bist, der name kommt zu dir.
viele grosse dinge, das leben veraendert sich,
mit deinem richtigen namen, den du bekommst.
vielleicht passt der alte name gar nicht mehr zu dir?
wenn es nicht mehr dein richtiger name ist, dann solltest du zu
einem spirituellen fuehrer gehen und sagen:
„hey schau dir mein leben an, schau dir mein leben an.
es dreht sich umher,
ich hatte eine scheidung,
ich habe ein beziehungsproblem.
ich kann keinen job finden.
vielleicht brauche ich einen neuen namen?"

was wirst du mit all deinen problemen machen?
du kannst dir nichts kaufen?
dein bankkonto ist leer.
dein name den du hast, funktioniert nicht mehr.
hol dir einen neuen namen bei einem lakota fuehrer.
der name ist nicht mehr gut, ich kann ihn nicht mehr brauchen,
nutzlos. ich brauche einen neuen namen, der mir kraft gibt,
der mir neue energie gibt. was koennte mein name sein?
nutze und gebrauche den neuen namen.
aber glaube nicht, dass du einfach umher gehen kannst und jedem
einen neuen namen geben kannst.

yeah I just can give you a name.
you ain't got no afford to give a name,
you got no permission to give names out.
you gonna have this from the right relationship from the people,
you got to ask for this.
they there, everywhere.
go in the reservation, you know why when you go to reservation -
you go around.
like people go around, they go in the reservation.

I worked there on the cherokee res.,
worked down in the seminole res.,
worked on the black foot reservation in montana and
I worked on the canadian reservation.
I see it all the time, when I was working there.
white people come: "hey where is the medicine man?"
indians are sitting there and smile.
you looking for who?
medicine man?
what you want from him?
what you bring?
what you got to offer? nothing?
what you want and why should I help you?
you want to take something back, you want to steal something?
you take it back over there with you, steal it from us?
you ain't screwing my name up, show me some money,
show me what you gonna get.
buy us some drink, buy us something to eat.
sit down with us, talk with us.
tell us a few things, maybe if we have enough to eat,
the belly's are full,

yeah ich gebe dir einfach einen neuen namen.
du kannst es dir nicht leisten, einen neuen namen zu geben,
du hast keine erlaubnis das zu tun.
du brauchst zuerst die richtige beziehung zu den menschen,
und du musst darum fragen.
sie sind da, ueberall.
gehe in das reservat, du weisst wann du ins reservat gehen sollst -
schau dich um.
wie leute, die reisen, sie gehen in die reservate.

ich habe dort im cherokee res. gearbeitet,
ich arbeitete unten im seminole res.,
arbeitete im blackfoot reservat in montana und
habe auch im reservat in canada gearbeitet.
ich habe vieles gesehen, als ich dort arbeitete.
weisse menschen kamen: „hey wo ist der medizinmann?"
die indianer sassen dort und lachten.
du suchst wen?
medizinmann?
was willst du von ihm?
was bringst du mit?
was kannst du uns anbieten? nichts?
was willst du und warum sollte ich dir helfen?
moechtest du etwas mitnehmen oder sogar stehlen?
du nimmst es mit und stiehlst es von uns?
du kennst nicht mal meinen namen, zeig mir dein geld,
zeig mir was du hast.
kaufe uns etwas zu trinken, kaufe uns etwas zu essen.
sitze zu uns und rede mit uns.
erzaehle uns etwas, vielleicht wenn mein magen voll ist,
und ich genug zu essen habe,

maybe then we can remember where he or she
lives up on the reservation.
empty stomach I can't remember addresses or phone numbers.
matter effect I can't even don't find a way out of this place here.
they don't let us indians inside -
because they know we have no money.
that's how it is on the reservation.
looking for the medicine man?
well maybe if we get something to eat.
we start to remember good.
my brother here don't have shoes.
we can't walk here.
I got no car.
they white man stolen the horse.
could ride the buffalo,
the white man stolen all them and killed them.
you got a big fancy car out there, maybe you can put it on my name.
give it to me, the problem is I got no gasoline,
no money to ride that big white man car.
you can give us this things.
we take you out to the holy man.
maybe then, I can hear your name.
who knows what the name might be, maybe stupid.
maybe „the one who gives his car away,
to a good Indian who needs it."
you never know.
as we sit here and talk on a reservation.
medicine man or medicine woman already see, before you even
come there, already see your name, depending upon your generosity.
no generosity – no name – no spirit - no life.
so I can eat, maybe I can start to remember.
I forget, maybe, what your people have done to me, to my family.

vielleicht kann ich mich dann erinnern, wer hier im reservat
wohnt. mit einem leeren magen kann ich mir nicht gut adressen und
telefon nummern merken. mit diesem effekt kann ich nicht mal
einen ausweg aus diesem ort finden.
uns indianer lassen sie nirgends hinein, weil wir kein geld haben.
so ist es in den reservaten.
du suchst einen medizinmann?
gut waere, wenn du uns etwas zu essen gibst.
dann koennen wir uns wieder erinnern.
mein bruder dort braucht schuhe.
wir koennen hier nicht laufen.
ich habe kein auto.
der weisse mann hat unsere pferde gestohlen.
wir koennten die bueffel reiten, der weisse mann hat alle gestohlen
und umgebracht. du hast ein schickes auto, vielleicht kannst du es
auf meinen namen schreiben. gib es mir, das problem ist nur, ich
habe kein geld, um das auto des weissen mannes zu fahren.
du kannst uns diese dinge geben.
wir bringen dich zu dem heiligen mann.
vielleicht dann, kann ich deinen namen hoeren.
wer weiss, was fuer einen namen du bekommen wirst, vielleicht
ein bloeder. vielleicht „der, der den wagen einem guten indianer, der
ihn brauchte, gegeben hat.“
du kannst es niemals wissen.
so sitzen wir und reden hier in den reservaten.
medizinmann oder medizinfrau sehen schon, bevor du zu ihnen
kommst, deinen namen, abhaengig von deiner grosszuegigkeit.
keine grosszuegigkeit – kein name – kein spirit – kein leben.
und wenn ich zu essen habe, dann kann ich mich erinnern.
ich vergesse vielleicht,
was deine leute meiner familie angetan haben.

they say we don't forget, but we remember.
and us native people we can forgive.
feed me and I can start forgiven.
give my brother shoes.
buy my sister a blanket.
feed my three children at home.
forgiven will be come, really easy.
maybe after all this I can forgive.
I will remember how to find here a medicine man or
medicine woman here on the reservation.
just maybe.
I see you brought them feathers,
where did you get the chicken feathers from?
maybe we can get a piece of the chicken?
or did you eat it all for yourself?
on the reservation you know the Indian way - the feather
you have to earn it.
sign of respect, the feather.
you must be a great warrior, many chicken feathers?
many. Who is your chief?
I want to meet him.
who is your medicine man?
you have none, that's why you come here?
you have no medicine man, you have no medicine woman?
you have nothing, that's why you come here!
you come here to take it, go.
speak tell us what you want.
speak from the heart.
aho

medicine turtle january 3, 2016

sie sagen wir werden es nicht vergessen,
aber wir werden uns erinnern.
und als indianer koennen wir vergeben.
fuettere mich und ich beginne dir zu verzeihen.
gib meinem bruder schuhe.
gib meiner schwester eine decke.
fuettere meine kinder zu hause.
verzeihen wird sehr leicht kommen.
vielleicht nach all dem kann ich dir verzeihen.
ich werde mich erinnern, wo du den medizinmann oder
medizinfrau finden wirst hier im reservat.
aber nur vielleicht.
ich habe gesehen, du hast ihnen federn mitgebracht,
woher hast du die huehnerfedern?
kannst du uns vielleicht ein stueck von dem huhn geben?
im reservat giltet der indianische weg -
du musst dir die federn verdienen.
ein zeichen des respektes, die feder.
du musst ein grosser krieger sein, so viele huehner federn?
so viele. wer ist dein haeuptling?
ich moechte ihn kennenlernen.
wo ist dein medizinmann?
du hast keinen, das ist der grund, warum du zu uns kommst?
du hast keinen medizinmann, keine medizinfrau?
du hast nichts, das ist der grund, warum du hierher kommst!
du bist hierher gekommen, um es zu holen.
sprich zu uns und sage was du willst.
sprich mit deinem herzen.
aho

medicine turtle 3. Jaenner 2016

final destination

eureopean sweatlodge are a imitation – nonething more than that.
there no difference from stealing the land or the spirituality.
most sweatlodges in europe don't even use the sacred herbs from
the lakota land.
there is no truth in the sweatlodges in europe, because they don't
come froma a real indian.
people need to be trained by a native american spiritual
medicine person.
the reason why so many people have there life in a mess is
because they are stealing native american spirituality to try
to heal themself.
european use the word tradition of the
LAKOTA or SHAMAN SWEATLODGE
as a way to steal the life blood from the lakota people
for their own benefit.
more and more native americans are not being offer to teach
european any longer

THE INDIAN WAY OF LIFE

now there is instant sweatlodge leader or vision quest leader.
there stealing what they have no training or permission to do.
mental health professions are now stealing sweatlodges and
visionquest too.
they take the profit from the lakota and they have no proper
training or permission to do it.

if you want run a sweatlodge and visionquest get permission from
a medicine person.

Endgueltige Bestimmung

europaeische schwitzhuetten sind eine imitation – nichts mehr
als das. es gibt keinen unterschied vom stehlen des landes
oder der spiritualitaet.
in vielen schwitzhuetten in europa werden nicht mal die heiligen
kraueter aus dem lakota land verwendet.
es gitb keine wahrheit in den schwitzhuetten in europa,
weil sie nicht von einem richtigen indianer kommen.
die menschen muessen von einem native american indianer
bzw. einer spirituellen medizin person trainiert werden.
der grund, warum so viele menschen ein durcheinander in ihren
leben haben, ist weil sie die spiritualitaet von den native american
indianern stehlen, um sich selbst dabei zu heilen.
die europaeer benutzten dabei das wort
LAKOTA oder SCHAMANEN SCHWITZHUETTE
als einen weg, um das herzblut von den lakotas zu stehlen
und dann noch eigenen profit zu machen.
mehr und mehr native american indianer werden nicht mehr
in europa gebraucht, um diesen

INDIANISCHEN WEG DES LEBENS

zu unterrichten.
weil dort ist man sofort ein schwitzhuetten fuehrer oder
visionssuchen fuehrer.
sogar die psychischen gesundheitsberufe beginnen nun auch
schon die schwitzhuette und die visionssuche zu stehlen.
sie nehmen sich den gewinn von den lakotas und haben nicht
einmal eine traditionell korrektes training oder die erlaubnis
von einer medizin person.

get training and pay the 10 % to the lakota people.
it's time to repay the lakota people what you stolen from them.

performing or going to do sweatlodge that is not in the right spirit
is wrong and is stolen.

THIEF OF SPIRIT

it's time to wake up!

it can be a new start
join us

aho medicine turtle march 16, 2016

mache die ausbildung und gib die 10 % zu den lakotas zurueck.
es ist an der zeit, um dem lakota volk zurueckzugeben,
was von ihnen gestohlen wurde.

eine schwitzhuette ausfuehren bzw. tun ist nicht der richtige
spirit, es ist falsch und es ist gestohlen.

DIEB DES SPIRITS

es ist an der zeit aufzuwachen!

es kann ein neuer beginn sein
begleitet uns

aho medicine turtle 16.3.2016

www.ingramcontent.com/pod-product-compliance
Lightning Source LLC
Chambersburg PA
CBHW070518090426
42735CB00012B/2836